Robert Brauer   André Wilckerling   Cornelia Mertens

Im Meer vergangen

Rungholt und die Insel Strand

BOYENS

Inhalt

Vorwort der Bürgermeister

Rund um die Inseln und Halligen findet man bei Wattwanderungen unter kundiger Führung Deiche und Brunnenringe, Warftreste und Äcker, die die umfassende und intensive Besiedlung des heutigen Meeresbodens dokumentieren. Hier zeigen sich die Relikte eines Kampfes zwischen den Bewohnern der Marschen und dem Meer.

Der Mensch hat die fruchtbaren Randgebiete der Nordsee schon immer besiedelt und erfolgreich landwirtschaftlich genutzt. Den Meeresspiegelanstieg der letzten Jahrtausende und die damit verbundenen steigenden Sturmfluten konnte er nicht vorhersehen, musste aber mit den oft verheerenden Folgen leben. Die heutige Diskussion um die Klimaänderungen und den Meeresspiegelanstieg zeigt, dass der Mensch nicht nur Spielball von Naturprozessen ist, sondern diese oft unbewusst beeinflusst. Mit der Erkenntnis dieser Zusammenhänge erwächst uns allen eine Verantwortung, der wir uns stellen müssen. Rungholt und die übrigen Spuren im Watt können uns dabei Mahnmal, aber auch Ansporn sein!

Klaus Jensen
Bürgermeister Pellworm

„Heute bin ich über Rung-holt gefahren, die Stadt ging unter vor 500 Jah-ren", so beginnt Detlev von Liliencron im Jahre 1883 sein Gedicht über den Untergang der sagen-umwobenen Stadt Rung-holt. Um diese verheeren-de Sturmflut mit ihren hohen Menschenverlus-ten ranken sich in den folgenden Jahrhunderten Mythen und Sagen. Sie beschreiben den Kampf gegen den Blan-ken Hans, wie die Nord-see auch respektvoll ge-nannt wird. Dieser Kampf konnte trotz hohen Auf-wands nicht gewonnen werden. Sturmfluten wie die von 1634, die die gro-ße und reiche Insel Strand zerstörte, haben das Bild von Nordfriesland ge-prägt. Damit gingen auch Kulturspuren unwider-bringlich verloren.

Robert Brauer hat sich in seiner langjährigen Zeit als Halligwart auf Südfall

intensiv mit der Geschich-te Rungholts und der Insel Strand befasst und sich auf die Suche nach solchen Kulturspuren gemacht.

Gemeinsam mit André Wilckerling und Cornelia Mertens gibt er dem Leser eine Übersicht über die bewegte Geschichte Rung-holts und der Insel Strand bis in die Gegenwart.

Heinz-Uwe Domeyer
Bürgermeister Nordstrand

Abenteuer Vergangenheit

Wer mit Nordfriesland in Berührung kommt, als Einwohner oder Tourist, erfährt irgendwann einmal etwas über die Insel Strand oder Rungholt. Dabei spürt man sofort die mythische Kraft, die von beiden Orten ausgeht. Symbolisieren sie doch die Urkatastrophe der Nordfriesen, die beiden gigantischen Sturmfluten, „Mandränken" genannt, die 1362 und 1634 über dieses Land hereinbrachen.

Die Zeitgenossen brachten die vielen Toten und das verlorene Land mit Gott in Zusammenhang. Klimawandel, Raubbau an der Natur durch Torfstechen im Watt und komplexes Wettergeschehen als Ursachen waren ihnen unbekannt. Es war ihnen aber klar, dass dem Deichbau im Kampf mit dem Meer eine Schlüsselfunktion zukommt.

Seit diesen Ereignissen sind Jahrhunderte vergangen.

Man kann sich nicht vorstellen, dass Rungholt oder die vielen untergegangenen Kirchspiele der Insel Strand Orte sind, die man heute noch besuchen kann. Und doch haben Abenteurer wie Andreas Busch oder heute, 50 Jahre später, Robert Brauer und Hellmut Bahnsen, diese Orte wieder entdeckt. Bei ihren Wanderungen im Watt sind sie auf Knochen, Scherben und Brunnenringe gestoßen. Obwohl die Wege dorthin beschwerlich und oft lebensgefährlich sind, führen sie begeisterte Menschen ins Watt. Wer einmal ein Hausfundament im Rungholtwatt gesehen hat oder die Gräben von Buphever, die sich bis zum Horizont erstrecken, den lässt die Vergangenheit nicht mehr los.

„Es ist, als wenn die Zeit innehält und uns einen Blick auf das Drama gestattet."

(Robert Brauer)

Wattforschung

Wohl kaum ein Land hat eine so unterschiedliche und vielsagende Oberfläche und Bodengestaltung wie Schleswig-Holstein. Werden und Vergehen langer Zeitepochen sind dem kundigen Auge offen dargelegt. Es sind drei Zonen, die sich in der schmalen Landbrücke zwischen Nord- und Ostsee scharf gliedern. Im Osten die fruchtbare Seenplatte, die sich fast bis zur Wasserscheide ausdehnt. Dann folgt der ertragsarme, aber hohe und flache Geestrücken und im Westen die fruchtbare Marsch, die Inseln und das Wattgebiet.

Dieser einzigartige Landstrich hat viele inspiriert: Künstler, Wissenschaftler und Heimatforscher. Jeder hat auf seine Weise versucht, einen Beitrag zur Geschichte und Erforschung der Watten und der Halligwelt zu liefern. Noch sehr viel wissenschaftliche und fundierte Forschung ist nötig, um die Geheimnisse der Wattengeschichte aufzuhellen.

Doch rennt uns die Zeit davon …

Landerhaltung und Landgewinnung stehen oft im Gegensatz zum Erhalt der Kulturspuren im Watt. Natürliche Erosion tut das ihre, um die Spuren unserer Vorfahren zu verwischen.
Durch viele aus den vorigen Jahrhunderten überlieferte Schriften und Karten sind wir in der Lage, die Vergangenheit unseres nordfriesischen Wattenmeers einigermaßen zu kennen. Zahlreiche Katastrophen von 1362 bis 1634 formten das Gebiet der Halligen. Viele der Halligen sind verschwunden, von einigen ist nur der Name überliefert und ihre Lage vergessen.

Zu seiner Arbeit als Heimatforscher meint Robert Brauer: „Ich hatte das Glück, 21 Jahre auf der Hallig Südfall zu leben. So konnte ich Rungholtforschung betreiben, neben meiner Arbeit als Küstenschützer. Die engagierte Arbeit von Andreas Busch konnte ich persönlich beobachten und begleiten, und ich habe mir viele seiner Techniken angeeignet. Später habe ich viele Jahre mit Dr. Hans-Herbert Henningsen zusammen gearbeitet, der die Rungholtforschung ein großes Stück weiter gebracht hat."

Zu Rungholt und der Insel Strand gibt es einige Fragen, die wir in diesem Buch aufgreifen werden. Gab es Rungholt wirklich? Waren die Bewohner so reich wie die Geschichte erzählt? Woraus bestand ihr Reichtum? Warum gingen sie unter? Wo lagen die Orte? Was findet man heute noch im Watt? Endgültige Antworten haben wenige. Es ist eher, dass uns der Mythos gefangen hat und wir davon etwas weiter geben wollen. Wir verbinden damit die Hoffnung, dass weiter geforscht wird und Fragen an unsere Vorfahren gestellt werden, die nur das Watt beantworten kann.

Teil der Glocke aus der alten Kirche „St. Salvator" (11. Jahrhundert erbaut), heute im Rungholtmuseum auf Pellworm zu besichtigen.

RUNGHOLT

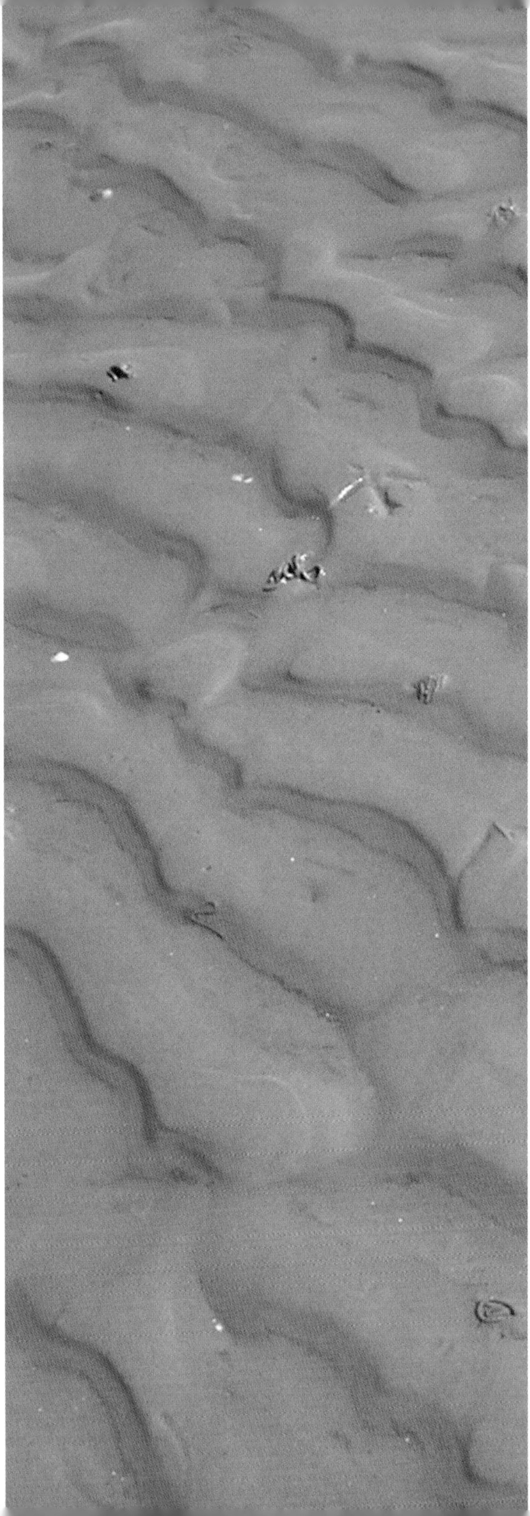

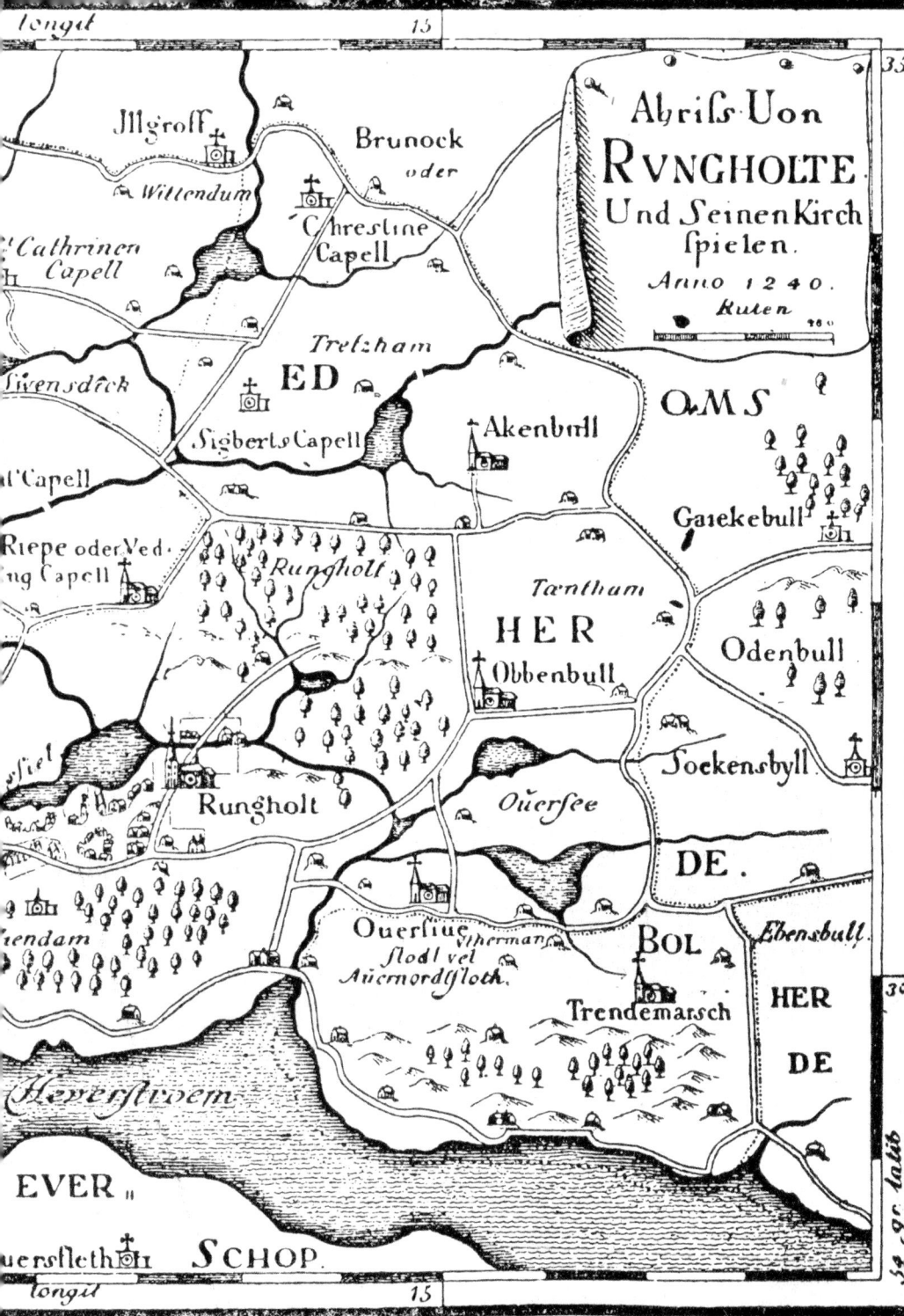

Abriſs Uon
RVNGHOLTE
Und Seinen Kirch
ſpielen.
Anno 1240.
Ruten

longit · 15

O.M.S

ED
Tretzham
Sigberts Capell
Akenbull
Gaiekebull

Illgroff
Wittendum

Brunock
oder

Chrestine
Capell

Cathrinen
Capell

Livensdick

Capell

Riepe oder Ved.
ng Capell

Rungholt

Tantham
HER
Obbenbull

Odenbull

Sockensbyll

Ouerſee

DE.

ſiel

Rungholt

BOL
Ebensbull

iendam

Ouerſiue
ſlodl vel
Auernordſloth

ytherman

Trendemarsch

HER

DE

Höverſtwem

EVER

uerſleth SCHOP.

longit · 15

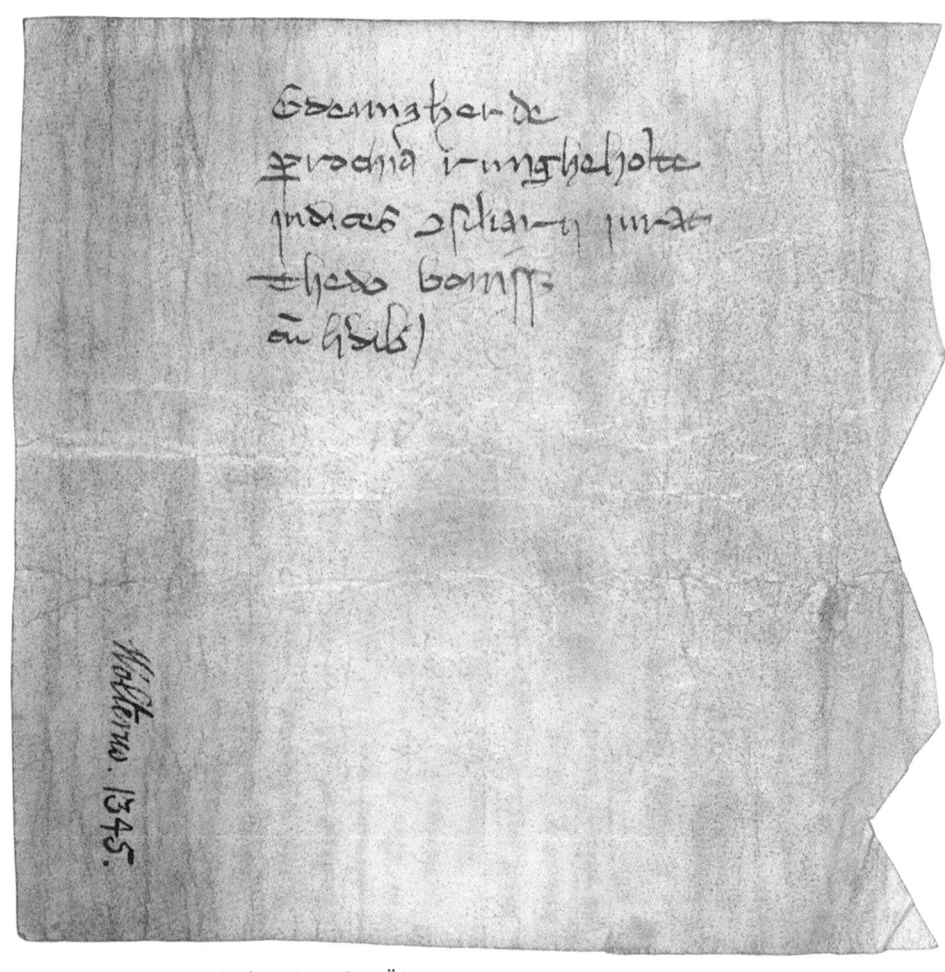

Die lateinische Übersetzung des Testaments
eines Hamburger Bürgers lautet:

*Edomsharde Kirchspiel Rungholt
Richter, Ratsleute, Geschworene
Thedo Bonissen samt Erben*

Der Untergang von Rungholt

Das sagenumwobene Rungholt wurde bei der ersten „Groten Mandränke" um 1362 vom Meer verschlungen und galt lange als Legende aus vergangenen Zeiten, bis man in einem alten Testament aus dem Jahre 1345 (siehe links) den Beweis erbringen konnte, dass es Rungholt wirklich gegeben haben muss.

Die Existenz von Rungholt wird heutzutage von niemandem mehr angezweifelt.

Im Hamburger Staatsarchiv befinden sich heute dieses Testament sowie verbriefte Handels- und Durchfahrtsrechte mit der Unterschrift und dem Siegel von Rungholt. Es stammt wahrscheinlich aus der Zeit um 1300 und ist auf drei Urkunden von 1355 bis 1361 zu finden. Neben dem Wort „Edomsher" sind die Heiligen Petrus und Laurentius dargestellt. Da Rungholt die Hauptkirche der Edomsharde hatte, wurde das Siegel dort verwendet.

1398 gab es erneut verbriefte Handels- und Durchfahrtsrechte, die den Schutz und sicheres Geleit zum Gegenstand hatten. Sie wurden von den Ratsleuten der Edomsharde unterschrieben. Es wurde ein neues Siegel von Rungholt verwendet, mit der Umschrift „Sigillum Edomsherd". Es war sorgfältiger gearbeitet und reicher ausgeschmückt. Das erste Siegel muss mit der Katastrophe verloren gegangen sein.

Wer heute ins Watt geht, kann mit geschulten Augen Schattierungen oder Erhebungen erkennen. Mit langen Jahren Erfahrung kann anhand von Torf oder Kleistrukturen bestimmt werden, ob es sich um frühere Brunnenringe, Warften oder Deichreste handelt. Mit moderner GPS-Technik kann man diese Beobachtungen dann konkreten Orten zuordnen und mit Angaben auf alten Karten vergleichen.

Nouerint vniuersi ad quos psens scriptu puene
dedim' et dam' finunt in hijs scriptis, omib3 et si
et finni pace ad nos veniendi eniedi vededi
videlicet expedire m̄fᵗ hic et vsq3 festu phil
seu dimitte quicqz voluerit et tenetur m
Datu et actu in placito mei ginium Anno
et pralin

Siegel der Edomsharde
mit Schriftstück vom
19. Juni 1361

Wo lag Rungholt?

Nach wie vor gibt es viele verschiedene Auffassungen darüber, wo Rungholt lag. War es dort, wo Andreas Busch es vermutete, oder war es das Niedamer Gebiet? Lag es etwas nördlicher, oder war es am Fuhle Slot, wie Prof. Dürr meint?

Die heutige Hallig Südfall lag in einem Koog, der Teil einer Reihe von Kögen war, aus denen Rungholt bestand. In der alten Karte „Clades Rungholtina" (Karte rechts) wurde es so eingezeichnet. Die Ortsbezeichnung Rungholtum lässt sich auf der Clades Rungholtina nur schwer ausmachen. Sie liegt etwas oberhalb von Südfallia und Niedammum. Weiter oben im Norden liegt der Rungholtwald (Silva Rungholtina). Südwestlich ist ein Siel oder eine Schleuse eingezeichnet (Emissarius Rungholtinus), die dem Namen nach zur Ortschaft gehörte. Der Name von Südfall rührt daher, dass diese südlich des Falltiefs lag. Davor

hat die Hallig „Neuland" geheißen, denn in einer Segelanweisung aus der Zeit des Untergangs von Rungholt steht:

„Segle den Hever hoch bis Du an Backbord Niges Land siehst, dort ankere."

Rungholt war ein Gebiet zwischen Fuhle Slot und Hever. Es gehörte zur Edomsharde und war weniger eine Stadt oder ein Dorf, sondern eher eine große Siedlungsgemeinschaft. Der Name Rungholt bedeutet „niedriges Holz" und weist auf einen Bruchwald hin, der auf etwas erhöhtem Gelände lag. Auf der erhöhten Marsch wurde zu ebener Erde gebaut.

In tiefer gelegenem Gelände wurden Warften angelegt oder die Deiche bebaut. Auf dem Niedamer Deich fanden sich viele Siedlungsspuren. Das hängt mit der Tatsache zusammen, dass hier die Schleuse lag, der Hafen von Rungholt. Wie man sich den Hafen vorzustellen hat, ist eine ungeklärte Frage.

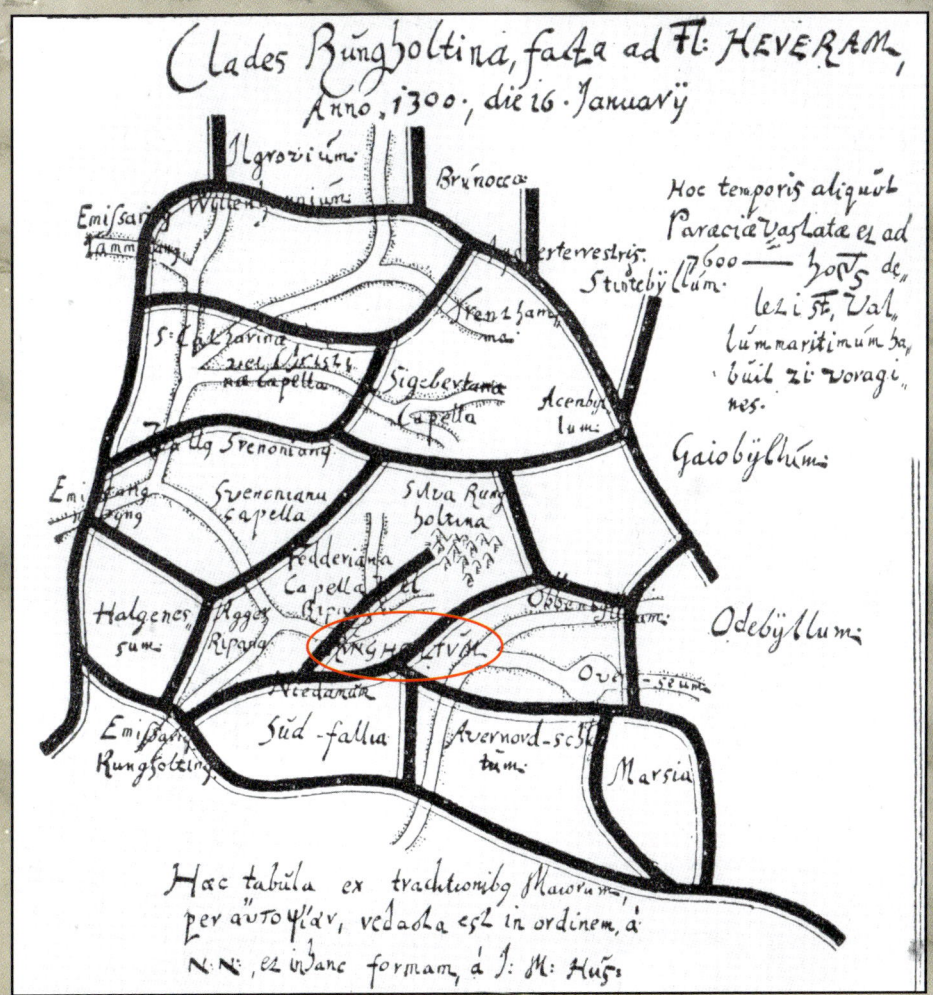

Rungholt

Die von Andreas Busch gefundene Schleuse führte durch 1,50 bis 2 Meter hohe Deiche. Damals war das eine große technische Leistung. Ob hier noch Schiffe durch passten oder ob die vor dem Deich in einem Schleusenbecken entladen wurden, ist ungeklärt.

Es wurden bisher fast 80 bis 90 Brunnenringe gezählt. Man geht pro Brunnenring von einem Familienverband aus, zu dem rund 11 Personen gezählt werden. Danach hätte Rungholt zwischen 1000 und 1100 Einwohner gehabt, wenn 100 Fremdarbeiter dazugezählt werden. Es hat also nie eine Stadt gegeben, nur ein Flä-

chendorf oder besser gesagt: eine Ansammlung von Häusern in der Hafengegend. Hafen und Dorf lagen einige hundert Meter auseinander. Rungholt hatte eine Hauptkirche, die an zwei unterschiedlichen Standorten vermutet wird.

P2

Wattwanderungen nach Rungholt

Mit Pferd und Wagen oder bei gelegentlichen Wattwanderungen unter Führung von Robert Brauer gelangt man heute auf die Hallig Südfall. Sie darf nur mit autorisierten Wattführern betreten werden. Nur wenige Monate im Jahr lebt eine Familie dort, so wie es Robert Brauer und seine Frau lange Jahre praktiziert haben.

Das Gebiet westlich von Südfall, wo Andreas Busch forschte, ist heute völlig versandet. Heute kann man nur noch Spuren nördlich von Südfall finden.

Funde im Wattenmeer

Es gibt im Rungholtwatt drei Schwerpunktfelder, auf denen Siedlungsspuren gefunden wurden. Im Bereich nördlich der Hallig Südfall hat Andreas Busch die Schleusen und den Hafen entdeckt. Graf Viktor entdeckte 1953 im Fuhle Slot-Gebiet Spuren, und schließlich wurde das Niedam-Gebiet südlich und im Zentrum von Südfall entdeckt. Daraus könnte man als Annahme folgern, dass es drei Siedlungen oder Dörfer in drei Kögen gab. Sie hatten einen Hafen und in der Mitte einen See, wie es die alten Karten andeuten.

Zu den Fundstücken, die dort überall entdeckt werden können, gehören Steine im so genannten Klosterformat. Diese Steine bedeuten nicht automatisch Kirchenbau, sondern sie deuten hauptsächlich auf den Reichtum der Rungholter hin. Denn Steinhäuser waren ein Zeichen von Wohlstand.

Es gibt noch weitere Anzeichen für Reichtum. Bei dem gefundenen Schuhwerk handelt es sich nicht nur um Sandalen, sondern auch um kunstfertige Schuhe mit Verzierungen, die man noch heute tragen könnte. Es fanden sich auch importierte rheinische Töpferwaren, und sogar aus Spanien fand man Dolche und Steingut. Die heutigen Analysemethoden können Funde zeitlich genau eingrenzen. Alle Keramiken stammen aus dem 12. Jahrhundert. Einige Funde werden auch dem 14. Jahrhundert zugeordnet, zum Beispiel aus dem Fuhle Slot-Gebiet.

Wenn die Rungholt-Bucht also bei der Flut von 1362 untergegangen ist, muss es danach den Versuch einer Neubesiedlung gegeben haben.

Dieser Versuch ist aber wohl gescheitert, und die Hallig Südfall hat sich als Neuland durch Anwuchs über Rungholt gebildet. Diese Annahme wird durch Siedlungsspuren, die unter Südfall zum Vorschein kamen, untermauert.

Südfall war früher 400 ha groß und hatte vier Warften. Heute sind davon nur noch 56 ha und eine Warft erhalten. Was in den 50er Jahren des letzten Jahrhunderts von Rungholt zu sehen war, wurde durch Strömungsveränderungen in den 1980er Jahren von Sand und Schlick überlagert. Erst im Jahre 2000, nach der Eindeichung des Beltingharder Koogs, gab es wieder gravierende Veränderungen. So ist heute um Pellworm und am Fuhle Slot vieles neu zum Vorschein gekommen. Auch einige Warften sind im Wattboden gut zu erkennen. Dass es sich um Warften handelt, belegen die Jauchegruben, die noch sichtbar sind. Sie wurden mit Torf und Jauche aufgefüllt. Aus dem Inhalt dieser Gruben wurde bis in die Neuzeit Brennmaterial hergestellt, sogenannte „Ditten". Man fand auch Gebrauchsgegenstände in diesen Gruben. Sie sind leicht mit den damals üblichen Kühlkellern zu verwechseln. Auch heute noch findet man Hauswände aus Weidengeflecht und Eckpfeiler aus bearbeiteter Eiche. Leider werden viele Spuren im Watt von den Muschel- und Krabbenfischern mit ihren Rollen und Netzen dem Wattboden gleich gemacht, so dass das Rungholt-Gebiet dringend unter Spezial-Schutz gestellt werden muss.

Die Toten der zweiten Mandränke

Quellen, Forschungen und Rückschlüsse ergeben folgendes Bild von der Zerstörung: 6123 Menschen kamen auf Strand um, das waren zwei Drittel der Bevölkerung. 1339 Häuser wurden zerstört, und 28 Windmühlen wurden weggetrieben. Opfer wurden auch über 50.000 Stück Vieh. Aber von den 22 Kirchen waren nur sechs Glockentürme zerstört worden.

Maximal 4 Stunden hatten die Menschen Zeit, sich zu retten. Es war Nacht und im Oktober kalt. Im Wasser ertrinkt man oder erfriert innerhalb kurzer Zeit. Es gab nur die Möglichkeit, sich auf höhergelegene Warften zu retten oder zum Wüsten Moor zu fliehen. In den zuerst und schnell überfluteten Kögen war die Lage aussichtslos. Die Menschen versuchten, sich auf die Dächer zu retten. Als die Häuser von den Wellen zerschlagen wurden, trieben sie mit den Dächern ab, die langsam auseinander brachen. Überall brachen Brände aus, weil das Feuer der großen, kaminähnlichen Feuerstellen durch den Sturm den Dachstuhl in Brand steckte. Viele retteten sich auf Bretter und Balken und trieben damit in den Wellen. Einige ertranken in ihren Betten. Überall im aufgewühlten Wasser trieben Hausrat, Tierkadaver und Ertrunkene.

Die Menschen wussten, dass sie sterben mussten. Um nicht auseinander getrieben zu werden und in der Hoffnung sich gegenseitig zu retten, haben sich einige Familien zusammengebunden. So fand man sie Tage später angetrieben, in Liebe grausam vereint.

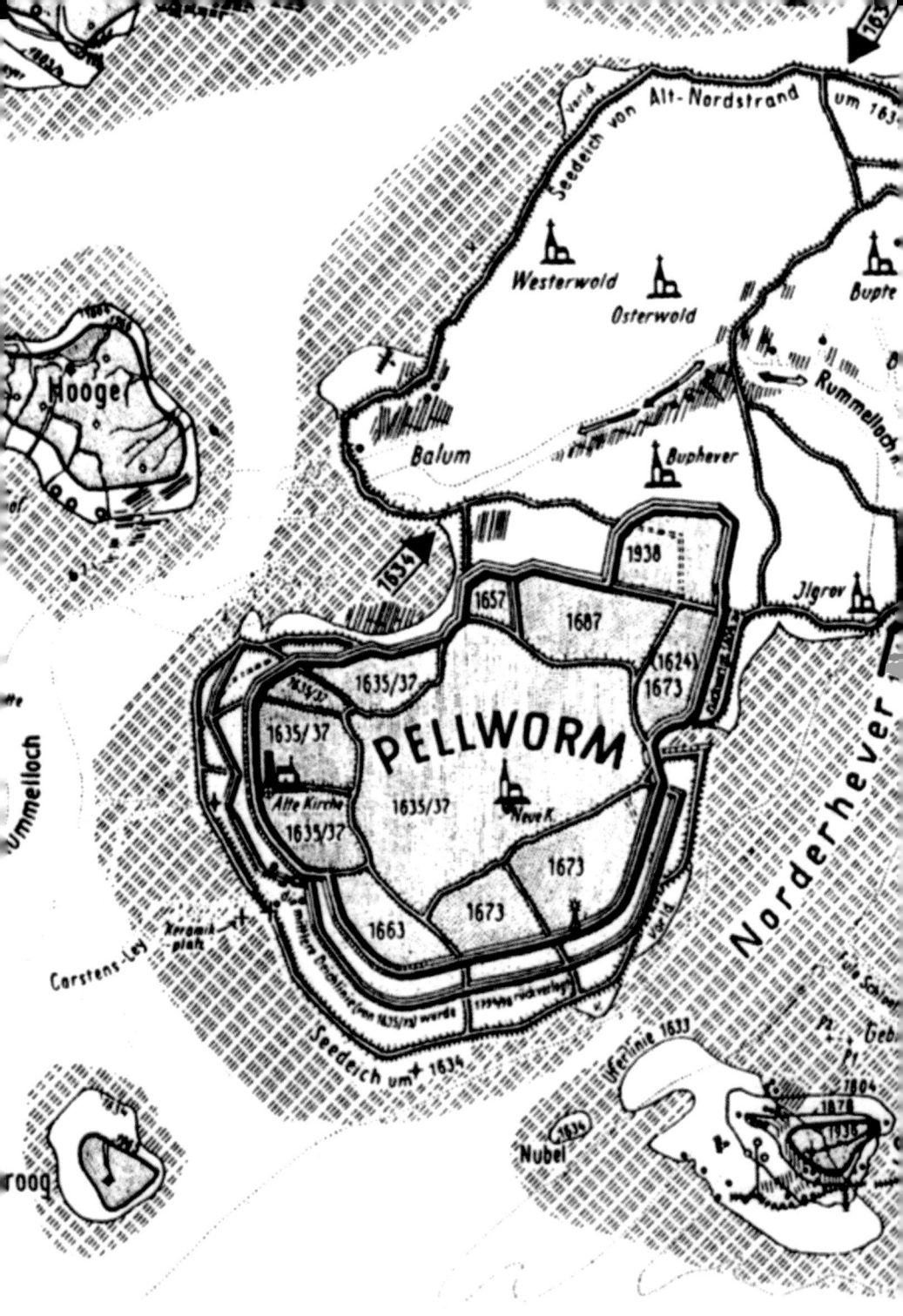

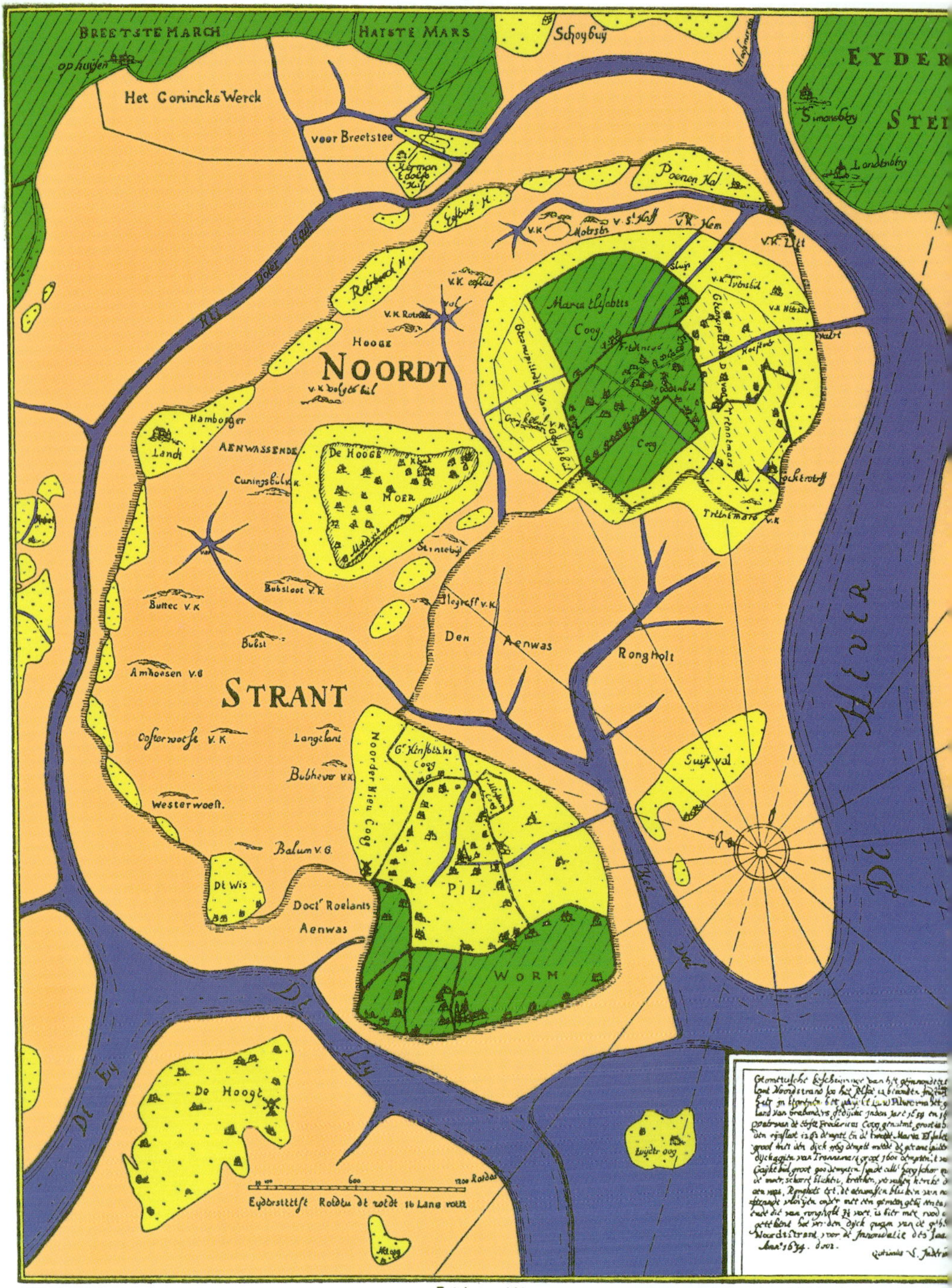

Zeichenerklärung

bedeichtes Land
unbedeichtes Vorland

geplante Bedeichung
Wattengebiet

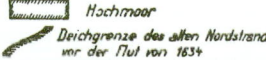

Hochmoor
Deichgrenze des alten Nordstrand
vor der Flut von 1634

Leck
Detzbull
Landesholm
Clintum
Rÿsum
Fresenhagen
Stedesandt
Maßbull
Enge
Waygard
Westermar
Baßum
Sabolm aw
Faretofft
Langehorn
Lutkneholm
Ockholm
Dorpum
Oland
Grode
Borlum
Bredtst
Bupte
Volgsbull
Almdorp
Westerwolt
Bupse
Konigsbull
Arlefl
Bupheuer
Morsum
Newkoog
NORTSTRANDT.
Ilgrof
Stintebull
Hadtst
Capell
Pilworm
Rungholt
Gaickebull
Odenbull
Ham
Lith
Hersbull
Schobu
Sudfall
Simensb
H V
Padel
Hever
Vluesbull
Siuersbull
Coldent
Osterheuer
Westerheuer

Auf den folgenden Seiten „Abenteuer Vergangenheit" möchten wir Sie mitnehmen auf eine Reise durch die Vergangenheit unserer Vorfahren.

Bis zum Horizont ziehen sich Entwässerungsgräben, atemberaubende Brunnenringe oder Warftreste hin.

Es sind Orte der Trauer, bitte beachten Sie, dass es nicht gestattet ist, nach Kulturspuren zu suchen und Grabungen durchzuführen.

WALDHUSEN

Waldhusen liegt vor Pellworm, ganz in der Nähe der heutigen Ortsbezeichnung auf der Insel. Der Ort ist bei der ersten „Groten Mandränke" 1362 untergegangen. Durch die geschützte Lage vor der Insel sind viele interessante Strukturen im Wattboden ungewöhnlich gut erhalten. Hier zum Beispiel der Stackdeich aus dem Jahre 1362, der erst kürzlich dank moderner GPS-Technik eingemessen wurde.

Das Team fand u.a. auch den Stackdeich von 1634, der in einem wesentlich schlechteren Zustand war. Dieses ist ein Indiz für die enorme Kraft der Burchardiflut, die im Jahre 1634 über 6000 Menschen das Leben kostete.

Auf den nächsten Seiten zeigen wir Gräben, die zum Teil schnurgerade durch das Watt laufen.

Waldhusen

Waldhusen

Waldhusen

Die rechteckige Form einer großen Warft ist erhalten. Die Warft ist zwei Mal erweitert worden. Die eigentliche Warft wurde weggeschwemmt, und heute kommt zum Vorschein, was sich damals unter der Warft befand. Das kreisrunde Objekt in der Mitte war der Fething. Da es auf der Warft kein Süßwasser gab, wurde das Regenwasser darin gesammelt. Die eigentliche Wasserentnahme fand in Zisternen statt, die mit dem Fething über Holzrohre verbunden waren. Das rechteckige Objekt war der Kühlkeller, die einzige Möglichkeit, verderbliche Waren länger frisch zu halten.

In unmittelbarer Nähe der Warft liegt noch ein vollständig erhaltenes Skelett im Wattboden. Darüber hinaus wurden in einem Graben zehn Skelette gefunden. Es ist ungeklärt, ob es sich dabei um Flutopfer handelt.

Erst kürzlich entdecktes Flechtwerk im Original (oben) und das Modell (unten), zu sehen im NordseeMuseum Nissenhaus, Husum

Die Schleuse bei Balum

Durch Stürme traten Reste eines Stackdeiches aus der Zeit nach 1362 aus dem Watt hervor. Wenige Meter weiter nordöstlich fand der Pellwormer Heimatforscher Hellmut Bahnsen die Reste eines weiteren Stackdeiches von 1634. Die Funde wurden per GPS eingemessen. Das stützte die Vermutung, dass es sich um Reste des Seedeiches der Insel Strand handelt. Diese waren allerdings in weit schlechterem Zustand, als die älteren Deichreste und wurden augenscheinlich mehrfach repariert. Ein Indiz für die enormen Kräfte der Burchardiflut.

In unmittelbarer Nähe befand sich der Sielzug und eine Schleuse des untergegange-

nen Norderneu-Kooges. Tatsächlich fand sich eine trichterförmige Holzstruktur im Boden

vor dem Deichfragment. Die gedachte Linie der Schleuse brachte die Spur auf den Sielzug, der auf mehrere hundert Meter gut im Watt zu erkennen ist. Im Verlauf des Siels konnten auch zwei Viehtränken an ihrer rechteckigen Form identifiziert werden.

Der Ort Balum in der Beltringharde ist 1362 zusammen mit Waldhusen untergegangen. Allerdings wurde nur wenige Meter hinter dem zerstörten Deich der Seedeich der Insel Strand errichtet, und Balum erlebte für 272 Jahre eine Wiederauferstehung.

Die Balumer Kirche wurde nicht wieder aufgebaut, weshalb die Balumer zum Kirchspiel Westerwoldt gehörten.

Der neue Deich lag in einer Bucht der Insel Strand, und dort staute sich bei Sturmflut das Wasser. Deshalb wurde er immer wieder überflutet. Die Bauern verloren ihre Höfe, und die Steuereinnahmen waren gering. Durch den Buphevering-Koog, in dem Balum lag, verlief ein großer Sielzug, der über den angrenzenden Norderneu-Koog entwässert wurde. Zu diesem Zweck befand sich dort das Siel mit der Schleuse. Er mündete in der „Schluth", einen riesigen Priel, der die Insel Strand von Norden her umschloss.

In der Nacht des 11. Oktober gegen 22 Uhr drehte der Sturm auf Nordwest und drückte die Wassermassen durch die Schluth in die Bucht bei Waldhusen. Ganz in der Nähe des Siels hielt der Deich dem Druck der Wellen nicht mehr stand und wurde überspült. Dann brach das Wasser in einen der größten Köge von Strand. In unmittelbarer Nähe bei Westerwoldt und Balum ertranken 164 Menschen, darunter der Küster und der Pastor. 43 Häuser wurden zerstört und nur sechs blieben erhalten.

Im Norden bricht der gefundene Deichrest unvermittelt ab. Genau an dieser Stelle muss man eine der großen Bruchstellen vermuten, die der Insel Strand 1634 den Untergang brachten. Hier greift die Geschichte der Flut wie nirgendwo sonst nach der Gegenwart, keine der anderen großen Bruchstellen besteht heute noch. Ob es sich tatsächlich um eine Schleuse handelt, kann nur eine gründliche weitere Untersuchung zeigen. Wahrscheinlich historisch nicht korrekt, bekam sie den Namen „Schleuse bei Balum".

BUPHEVER

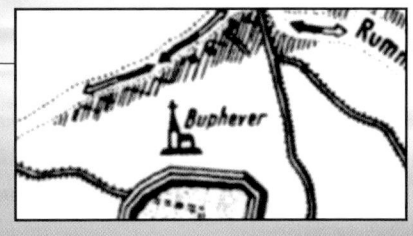

Die Wege von den Warften herunter waren gegen den Wellenschlag durch Holzwände geschützt. Hier kann man die Reste einer solchen Stützwand sehen, die sich auf beiden Seiten des Weges befanden.

Buphever

Buphever gehört zu den schönsten Plätzen mit Resten der Insel Strand. Bis zum Horizont ziehen sich Entwässerungsgräben (unten) und Warften hin. Um sich ein Bild von der Vergangenheit zu machen, ist ein Besuch dort die letzte Gelegenheit, um weitgehend erhaltene Strukturen zu erkennen. 1445 wurde Buphever eingedeicht und hatte eine Größe von 1320 ha. Die Kirche stammte aus demselben Jahr und hieß St. Laurentius. Sie musste 1479 durch einen Kirchenneubau ersetzt werden.

Es starben 340 Menschen bei der Flut, 30 Hauswirte und sieben Kötener überlebten. 90 Häuser wurden zerstört. Die Kirche überstand die Flut und wurde erst 1640 verkauft.

Der Moordeich reichte über die ganze Insel Strand und trennte die Edoms- von der Beltringharde. Hätte er gehalten, wäre die Insel gerettet worden. Ein großes Stück dieses Deiches kann man bei Buphever im Wattboden erkennen (unten).

Durch Einmessung per GPS konnte darüber der Nachweis erbracht werden, dass es sich um den Moordeich handelt. Hier sind viele Menschen und Tiere umgekommen – ein Ort der Besinnung.

Der Deich brach bei der zweiten Groten Mandränke 1634 genau an dieser Stelle. Hier drang die wütende Nordsee rasch in den Koog.

Buphever

Buphever

Buphever

Rungholt und die Insel Strand

Buphever

Die Brunnen lagen auch innerhalb der Warften, wie man es hier sehen kann. Es wurden früher Holzfässer benutzt, und man kann noch die Reste der Wasserleitung erkennen. Zum Teil wurden die Wasserleitungen aus Wagenradnaben gefertigt.

HERSBÜLL

Urkundlich wird Hersbüll 1198 erstmalig und 1447 als „Hersbul" erwähnt. Das Kirchspiel hatte eine Größe von 340 ha. Während des 30jährigen Krieges gehörte der Hersbüller Nommen Adsen zu den Anführern der Nordstrander Land- wehr und verhandelte mit dem Herzog. Er bekam Generalpardon, aufgrund dessen sich dann der Aufstand auflöste. Entdeckt wurde der Ort im Jahre 2008 von Prof. Dr. Newig.

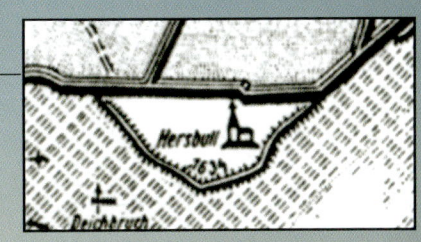

Hersbüll

Es wurden alle elf Häuser zerstört, und 49 Einwohner ertranken in den Fluten. Von der Kirche in Hersbüll blieb nichts erhalten. Der Pastor Petrus Johannis überlebte die Flut und zog zurück nach Husum. Die Witwe des vorherigen Pastors Fischer ertrank.

Das Forscherteam fand an der vermuteten Ortslage Steine im Klosterformat, zum Teil noch als Mauerwerk erhalten. Auch einen großen Rest des Seedeichs von Alt-Nordstrand konnte man identifizieren. (Foto Hintergrund).

GAIKEBÜLL

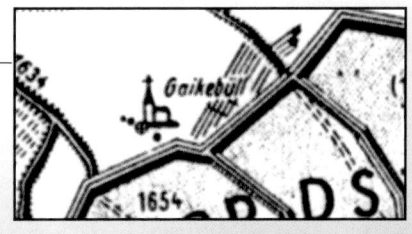

Durch die Küstenschutzmaßnahmen und die langsame Versandung der Fahrrinne „Fuhle Slot" zum ehemaligen Norderhafen ist der Ort praktisch versandet. Nur in den kleinen Prielen treten Knochen und Tonscherben zutage.

Gaikebüll lag vor dem heutigen Ort Norderhafen und hatte eine Größe von 1.130 ha. Der Ort hatte einen Hafen. Die Kirche wurde 1463 als St. Andrea erbaut. Obwohl 232 Menschen ertranken und 73 Häuser zerstört wurden, rangen die Einwohner noch lange um den Erhalt ihres Ortes. Unmittelbar nach der Flut wurde weiter Gottesdienst abgehalten, aber der letzte Pastor Lobetantz bewarb sich weg. Erst 1640, also sechs Jahre nach der Flut, wurde die Kirche verkauft und abgerissen.

Gaikebüll

Mit viel Fantasie kann man sich (siehe Foto unten) einen Brunnenring vorstellen.

Noch bis in die 1950er Jahre lagen die Brunnenringe offen sichtbar unmittelbar am heutigen Deich.

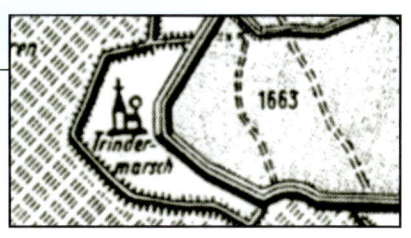

Trindermarsch

Einer der ältesten Köge der Insel Strand, dessen Entstehung mit dem Schicksal Rungholts verknüpft ist. Man nimmt an, dass sich hier Rungholtüberlebende angesiedelt hatten. Die Größe betrug 780 ha und die Kirche St. Nicolaus soll im Jahr 1322 erbaut sein. Bei der Flut waren 100 Menschen ertrunken, und 33 Häuser wurden zerstört. Die Kirche hatte die Flut überstanden, der Altar wurde 1644 nach Friedrichstadt gebracht und die Kirche 1651 abgerissen, das Bauholz verkauft.

An der historischen Position ist alles verschlickt und aufgesandet. Am Priel treten aber Warftreste und Torfgräben zutage.

SÜDERSIEL

Südersiel liegt im alten Koog der Insel Strand in der Pellworm Harde beim Untjehörnweg draußen im Watt. Südersiel hatte, wie der Name sagt, ein Siel und dort einen Hafen bzw. Anleger zum Falsdeep hinaus. In der Pellworm Harde starben 1012 Menschen, und 191 Häuser wurden zerstört.

Der Ort versandet langsam, da eine Sandbank über ihn driftet. An dieser Stelle verlief der Seedeich von Strand, von dem heute nichts mehr zu erkennen ist. Die Reste von Torfgräben sind erhalten, der sie umgebende Boden wurde weggeschwemmt.
Unheimlich ist es.

Auf dem Weg nach Südersiel kommt man an der Hofstelle Untjehörn vorbei, die 1798 untergegangen ist. Hier sind drei Gebäude im Meer versunken, und man kann einen der zur Zeit am besten erhaltenen Sodenbrunnenringe bestaunen.

Südersiel

Hier ist eine kleine Müll-
halde zu erkennen, die aus
Ascheresten und Tonmüll
besteht.

Lithkirche

Das Kirchspiel hatte eine Größe von 460 ha. Es gab einen
Hafen und eine regelmäßige
Fährverbindung nach Lunden-
berg, der ehemaligen Strander
Harde. Während des 30jähri-
gen Krieges wurde hier eine
Schanze errichtet, und das
Fährhaus wurde dabei abge-
brochen. 600 herzögliche Soldaten überwachten die Ein-
quartierung zweier kaiserli-
cher Regimenter. Die Kirche
kam durch diese Soldaten am
4.2.1629 in Brand, und das

Glockenhaus brannte ab. Bei
der Flut ertranken Pastor Clio
und mit ihm 171 Menschen. 41
Häuser gingen verloren.

Heute erinnert am Sielhaus
nur noch eine Gedenktafel an
das damalige Geschehen.

Mitteldeich auf Nordstrand

Der Mitteldeich ist ein Rest der Wiedereindeichung nach der Flut und in seinem Verlauf vom Mitteldeichshörn noch gut zu erkennen. Er vermittelt einen Eindruck von der Größe der damaligen Deiche.

Wehlen

Auf Pellworm ist diese gut erhaltene Wehle zu sehen, die einen Eindruck von der Kraft des Wassers vermittelt. Auf Nordstrand heißt eine Stelle „Op de Wehl", die namensgebende Wehle wurde erst Ende des 20. Jahrhunderts verfüllt.

Hamkirche

Wahrscheinlich hieß die Kirche St. Jacobs. Das Kirchspiel hieß später Hamhallig und hatte eine Größe von 1060 ha.

365 Menschen ertranken und 72 Häuser wurden zerstört. Der Pastor Ingwarus Petri überlebte bis 1646 in Schobüll.

Heute ist die Kirchwarft untergepflügt, aber man kann die Erhebung im Acker noch deutlich erkennen. Scherben und Steinreste findet man leicht zwischen den Ackerfurchen.

Evensbüll Kirche

Die Kirche ist zu Ehren der heiligen Jungfrau Maria erbaut und seit 1379 als „Emptesbul" urkundlich erwähnt. Das Kirchspiel hatte eine Größe von 1140 ha. Es waren 234 Menschen ertrunken, und 37 Häuser wurden zerstört. Die Überlebenden setzten den Gottesdienst unter Pastor Bruns bis nach 1638 fort und wurden dann nach Odenbüll eingepfarrt.

Heute ist die Kirchwarft auf dem Feld gut zu erkennen. Um die Warft finden sich Steinreste. Sie wurde vom Inhaber nur deshalb nicht untergepflügt, weil er dabei ständig auf Skelette stieß.

NordseeMuseum Nissenhaus

Im NordseeMuseum Nissenhaus in Husum sind die Rungholt-Funde des Heimatforschers Andreas Busch in einer liebevoll gemachten Ausstellung zu sehen. An der Decke hängt der legendäre Schleusenbalken, und ein Stackdeich ist rekonstruiert worden. Das gesamte Thema historische Sturmfluten und Naturgewalten ist anschaulich dargestellt. Deichbau, Landgewinnung und Küstenschutz gehören zur Ausstellung. Das harte Leben in den Uthlanden wird mit alten Geräten und Gegenständen dargestellt. Außerdem erhält man einen guten Überblick über die Tierwelt im schleswig-holsteinischen Wattenmeer. Das NordseeMuseum Nissenhaus in Husum geht auf die Stiftung des nach New York ausgewanderten Diamantenhändlers Ludwig Nissens zurück (1855–1924). Es wurde 13 Jahre nach seinem Tod im Jahr 1937 eröffnet und 2006 grundlegend saniert. Das Museum ist besonders kinder- und familienfreundlich gestaltet.

NordseeMuseum Nissenhaus
Herzog-Adolf-Str. 25
25813 Husum
Tel. 04841/2545
Öffnungszeiten: April bis Oktober: täglich von 10 bis 17 Uhr; November bis März: täglich 11.00 bis 17.00 Uhr, außer montags

Rungholtmuseum

Zehn Jahre lang hatte der Pellwormer Hellmut Bahnsen im Watt nach Kulturspuren geforscht, bis er sich 1980 entschloss, aus privaten Mitteln ein Museum für seine Funde zu errichten. Funde und Pläne von 1100 bis 1800 umfasst seine große Sammlung, die er in mühevoller Kleinarbeit zusammengetragen hat. Sie gibt einen umfassenden Einblick in das Leben der Menschen dieser Zeit. Sogar aus römischer Zeit hat er Fundstücke.

Zur Geschichte der Insel Strand und dem untergegangenen Rungholt ist er in der Region der kenntnisreichste Experte. Viele Keramikfunde hat er erfolgreich restauriert, die ohne seine Arbeit unwiederbringlich verloren wären. Wer sich für den Themenkreis interessiert, kommt an Hellmut Bahnsen nicht vorbei. Die Führungen durch sein kleines Museum sind persönlich, kenntnisreich und unterhaltsam.

Hellmut und Rita Bahnsen
Westerschütting 2
25849 Pellworm
Tel. 0 48 44/5 69

Informationen über die Öffnungszeiten bei der Tourist-Information Pellworm Tel. 0 48 44/1 89-40 und im Internet: www.pellworm.de

Die Museen

Pellwormer Inselmuseum

Im Obergeschoss der Pellwormer Tourist-Information findet sich unerwartet ein kleiner Schatz zum Thema Sturmfluten. Neben vielen Karten und Fotodokumenten, gibt es dort ein mit viel Mühe gearbeitetes Diorama. Es zeigt einen Deichbruch und dessen Folgen und lohnt einen Besuch.

Pellwormer Inselmuseum
Uthlandestraße 2
25849 Pellworm
Tel. 04844/189-40
www.pellworm.de

Öffnungszeiten:
während der Geschäftszeiten der Tourist-Information,
Wochenende 10–16 Uhr

Nordstrander Inselmuseum

Das jüngste der hier vorgestellten Museen wird vom Nordstrander Heimatverein ehrenamtlich mit großem Engagement betrieben. 2003 wurde in den Räumen der Galerie „Lat di Tied" auf dem Süden das Museum eröffnet, und zog 2009 dann in das Obergeschoss der alten Amtsverwaltung.

Das Museum legt Wert auf eine anschauliche Darstellung der beiden Flutkatastrophen. Im Mittelpunkt des ersten Ausstellungsteils steht ein Modell von Rungholt, angelehnt an die Forschungen von Andreas Busch. Im zweiten Ausstellungteil bildet ein Modell zur Sturmflut 1634 den Blickfang. Eine interaktive Karte der Insel Strand führt das gewaltige Zerstörungswerk der Flut vor Augen. Viele Wattfunde dienen als Zeugen der Geschichte.

Natürlich bildet das Museum auch die vielfältige Geschichte der Insel Nordstrand bis zum Bau des Damms ab. Die langwierige Neubedeichung der sieben Köge, die Entwicklung des Deichbaus, die drei Kirchengemeinden auf Nordstrand und das Leben von Andreas Busch und Ingwer Ludwig Nommensen werden auf schön gestalteten Schautafeln dokumentiert.

Nordstrander Inselmuseum
Schulweg 4
25845 Nordstrand

Informationen über die Öffnungszeiten bei der Kurverwaltung Nordstrand
Telefon 04842/454
Internet: www.nordstrander-heimatverein.de

Kurverwaltung Nordstrand

GEDICHTE & SAGEN

Trutz, Blanke Hans

Heute bin ich über Rungholt gefahren,
Die Stadt ging unter vor 600 Jahren.
Noch schlagen die Wellen da wild und empört,
Wie damals, als sie die Marschen zerstört.
Die Maschine des Dampfers schütterte, stöhnte,
Aus den Wassern rief es unheimlich und höhnte:

Trutz, Blanke Hans

Mitten im Ozean schläft bis zur Stunde
Ein Ungeheuer, tief auf dem Grunde.
Sein Haupt ruht dicht vor Englands Strand.
Die Schwanzflosse spielt bei Brasiliens Sand.
Es zieht, sechs Stunden, den Atem nach innen
Und treibt ihn, sechs Stunden, wieder von hinnen.

Trutz, Blanke Hans

Doch einmal in jedem Jahrhundert entlassen
Die Kiemen gewaltige Wassermassen.
Dann holt das Untier tiefer Atem ein,
Und peitscht die Wellen und schläft wieder ein.
Viel tausend Menschen im Nordland ertrinken,
Viel reiche Länder und Städte versinken.

Trutz, Blanke Hans

Ein einziger Schrei – die Stadt ist versunken,
Und Hunderttausende sind ertrunken
Wo gestern noch Lärm und lustiger Tisch,
Schwamm andern Tags der stumme Fisch.
Heute bin ich über Rungholt gefahren,
Die Stadt ging unter vor 600 Jahren.

Trutz, Blanke Hans?

Detlev von Liliencron

Rungholt-Sage (nach Müllenhoff)

In Rungholt und Nordstrand wohnten weiland reiche Leute; sie bauten große Deiche und wenn sie einmal darauf standen, sprachen sie: „Trotz nu, blanke Hans!" –

Ihr Reichtum verleitete sie zu allerlei Übermut. An einem Weihnachtsabend machten in einem Wirtshause die Bauern eine Sau betrunken, setzten ihr eine Schlafmütze auf und legten sie ins Bett. Darauf ließen sie den Prediger ersuchen, er möchte ihrem Kranken das Abendmahl reichen, und verschwuren sich dabei, daß wenn er ihren Willen nicht würde erfüllen, sie ihn in den Graben stoßen wollten. Wie aber der Prediger das heilige Sakrament nicht so greulich wollte mißbrauchen, besprachen sie untereinander, ob man nicht halten sollte, was man geschworen. Als der Prediger daraus leichtlich merkte, daß sie nichts Gutes mit ihm im Sinne hätten, machte er sich stillschweigends davon. Indem er aber wieder heimgehen wollte und ihn zween gottlose Buben, so im Kruge gesessen, sahen, beredeten sie sich, daß so er nicht zu ihnen hereingehen würde, sie ihm die Haut voll schlagen wollten. Sind darauf zu ihm hinausgegangen, haben ihn mit Gewalt ins Haus gezogen und gefragt, wo er gewesen. Und wie er's ihnen geklaget, wie man mit Gott und ihm geschimpfet habe, haben sie ihn gefragt, ob er das heilige Sakrament bei sich hätte, und ihn gebeten, daß er ihnen dasselbige zeigen möchte. Darauf hat er ihnen die Büchse gegeben, darin das Sakrament gewesen, welche sie voll Biers gegossen und gotteslästerlich gesprochen, daß so Gott darinnen sei, so müsse er auch mit ihnen saufen. Wie der Prediger auf sein freundliches Anhalten die Büchse wiederbekommen, ist er damit zur Kirche gegangen und hat Gott angerufen, daß er diese gottlosen Leute strafe. In der folgenden Nacht ward er gewarnt, daß er aus dem Lande, so Gott verderben wollte, gehen sollte; er stand auf und ging davon. Und sogleich erhob sich ein ungestümer Wind und ein solches Wasser, daß es vier Ellen hoch über die Deiche stieg und das ganze Land Rungholt, der Flecken und sieben andre Kirchspiele dazu, unterging, und niemand ist davon gekommen als der Prediger und zwo, oder wie andre setzen, seine Magd und drei Jungfrauen, die den Abend zuvor von Rungholt aus nach Bopschlut zur Kirchmeß gegangen waren, von welchen Bake Boisens Geschlecht auf Bopschlut entsprossen sein soll, dessen Nachkommen noch heute leben. Die Ulversbüller Kirche hat noch eine alte Kirchentür von Rungholt.

Nun gibt es eine alte Prophezeiung, daß Rungholt vor dem jüngsten Tage wieder aufstehen und zu vorigem Stande kommen wird. Denn der Ort und das Land steht mit allen Häusern ganz am Grunde des Wassers und seine Türme und Mühlen tun sich oft bei hellem Wetter hervor und sind klar zu sehen. Von Vorüberfahrenden wird Glockenklang und dergleichen gehört. – …

Die Glocken von Rungholt

Als die Wellen Rungholt für immer zerstörten, war das Läuten der Glocken das Letzte, was zu hören war.

Im Volksglauben ist eingegangen, dass Rungholt noch einmal wieder auferstehen wird. Wattwanderer, die Sonntagskinder sein müssen, können an bestimmten Tagen den Glockenschlag hören. Man erzählt sich, wer das Glockenspiel hört, dem passiert ein Unglück. Schiffer und Fahrensleute berichteten bisweilen, dass sie das Spiel gehört haben und ihnen dann ein Unglück passiert sei.

Robert Brauer ist ein Sonntagskind und viel über Rungholt gewandert. Er hat sich dabei oft vorgestellt, wie Rungholt in der alten Zeit ausgesehen haben mochte. In seinem Geist ist Rungholt wieder erstanden, als wenn es in greifbarer Nähe war. Die Glocken hörte er dabei aber nicht.

Aber an einem schönen Morgen im Januar ist er einmal alleine über das Rungholtwatt gegangen. Die Sonne stand rotgolden am Horizont, da hat er wie aus weiter Ferne ein Glockengeläut vernommen. Als wenn die Rungholter es ihm zur Bestätigung doch noch gesandt hatten?

Die Frau im roten Rock

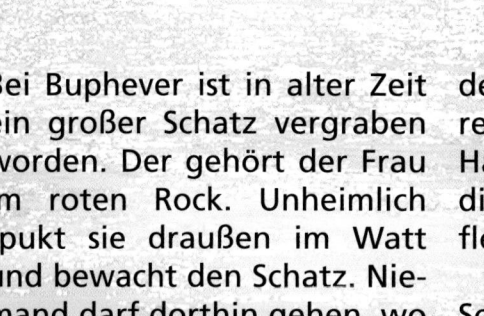

Bei Buphever ist in alter Zeit ein großer Schatz vergraben worden. Der gehört der Frau im roten Rock. Unheimlich spukt sie draußen im Watt und bewacht den Schatz. Niemand darf dorthin gehen, wo der Schatz vergraben ist. Wenn trotzdem ein Lebender nach ihm sucht, springt ihm die Frau im roten Rock auf den Nacken. Sie greift mit ihren eisigen Händen in die Haare und stößt die Hacken in die Rippen, so sehr man auch fleht.

So erging es einem Pellwormer, der aus Zufall an die Stelle im Watt geriet. Die Frau sprang ihm auf den Nacken und er musste sie von Buphever bis zu sich nach Hause schleppen. Völlig erschöpft kam er an der Türschwelle an, und erst als er sich ins Haus rettete, war er vom Spuk erlöst.

Vier Pellwormern ging der große Schatz nicht aus dem Kopf, und sie beschlossen, ihn auszugraben. Sie wussten, dass sie beim Graben nicht das allerkleinste Wort sagen durften, wenn sie den Spuk nicht heraufbeschwören wollten. Sie nahmen Hacken und Schaufeln und gingen nach Buphever.

Als sie den Klei aufhackten, stand plötzlich ein großer Galgen hinter ihnen. Sie sahen keinen Menschen, der ihn dort hingestellt hatte, und der Schreck fuhr ihnen in die Glieder. Sie beruhigten sich nach einer Weile und arbeiteten weiter, ohne ein Wort zu sagen.

Nach einer Weile erblickten sie ihre vier Häuser, die in Brand standen. Ihnen fielen die Hacken aus den Händen, und mit offenen Mündern sahen sie die grässlichen und weit sichtbaren Flammen lodern. Sie rissen sich zusammen und sagten wieder kein Wort.

Sie gruben schließlich ein tiefes Loch und der Schatz musste bald zum Vorschein kommen. Da rief die Frau mit ihrer Grabesstimme: „Am Galgen wird der im rotweißen Hemd hängen!" Vor Schreck sagte der Angesprochene: „Oh, damit bin ich gemeint!" Da erhob sich der Boden und flog ihnen um die Ohren. Sie ließen alles stehen und liegen und liefen um ihr Leben, verfolgt von der verfluchten Frau im roten Rock.

So bewacht sie noch heute ihren Schatz, bis in alle Ewigkeit.

Geheimnisvolles Wattenmeer

Soweit die Sage. Es dauerte Jahrhunderte, bis die Frau im roten Rock wieder von sich reden machte. In den Sommermonaten des Jahres 1982 war der Heimatforscher Hellmut Bahnsen mit seinen Kollegen damit beschäftigt, Lahnungen für die Landgewinnung im Buphevergebiet in das Vorland zu treiben. Nachdem die Arbeiten beendet waren, rissen Sturmfluten die neu errichteten Lahnungen in Stücke. Im folgenden Jahr rissen sich sogar mehrere Arbeitsboote aus ihren Verankerungen los, überschlugen sich und richteten erhebliche Schäden an. Insgesamt wurde in drei Jahren viermal die ganze Arbeit in Trümmer gelegt.

Im Heimatkundeunterricht gehörte die alte Gruselgeschichte von der Frau im roten Rock zum festen Bestandteil, und deshalb war sie ihnen allen geläufig.

Waren sie durch Zufall in die Nähe des Schatzes gelangt? Nach 1985 wurde die Gruppe von diesem Deichabschnitt abgezogen und hat nie wieder dort gearbeitet. Von da an kehrte Ruhe am Bupheverdeich ein. Ob es eine Laune der Natur war oder sich die Frau im roten Rock höchst selbst bemüht hat, das mag jeder selbst für sich entscheiden.

Die Sage fand neue Nahrung, als Helmut Bahnsen bei einer Wattwanderung in der Nähe der Arbeiten auf merkwürdige Hölzer stieß, die aus dem Wattenmeer herausragten. Bei genauerer Untersuchung stellte sich heraus, dass er auf einen Sarg gestoßen war. Er stammte aus der Zeit der großen Sturmflut von 1634. Zu seiner großen Überraschung fand er ein vollständig erhaltenes Frauenskelett. War das etwa die sagenhafte Frau im roten Rock?

Es stellte sich später heraus, dass ein Straßengraben für diese Frau zur letzten Ruhestätte geworden war. Fachleute mutmaßten, dass es sich bei der Beerdigten entweder um eine Verbrecherin, eine Selbstmörderin oder eine Uneheliche handeln musste, da diese nicht auf dem offiziellen Friedhof bestattet werden durften. 1997 wurde der Sarg ein zweites Mal vom Wattenmeer freigegeben. Diesmal war ersichtlich, da mehr vom Wattenboden abgetragen worden war, dass der Sarg vom nahe gelegenen Friedhof in den Straßengraben gespült worden war. Damit war die Theorie der Fachleute widerlegt.

Wer sich an grauen Tagen oder in stürmischen Nächten in die Nähe des Deiches bei Buphever wagt, der sei jedenfalls gewarnt. Wenn er eine Gestalt über das Watt gleiten sieht, dann ist es die Frau im roten Rock, die dort auf Schatzsucher wartet.

Meeresstrand

An's Haf nun fliegt die Möwe,
Und Dämm'rung bricht herein,
Über die feuchten Watten
Spiegelt der Abendschein.

Graues Geflügel huschet
Neben dem Wasser her;
Wie Träume liegen die Inseln
Im Nebel auf dem Meer.

Ich höre des gärenden Schlammes
Geheimnisvollen Ton,
Einsames Vogelrufen –
So war es immer schon.

Noch einmal schauert leise
Und schweiget dann der Wind;
Vernehmlich werden die Stimmen,
Die über der Tiefe sind.

Theodor Storm

Das Wrack im Rungholtwatt

Im Jahr 1900 fuhr ein Lastensegler bei unruhiger See von Husum mit Schleusentoren zu den Halligen. Der Wind wurde nach Verlassen des Hafens stärker, bei auflaufender Flut. Die See wurde immer rauher, die Wellen zeigten schon weiße Köpfe. Ein Zurück gab es nicht, denn am Nordstrander Hafen war er vorbei, und er musste durch. Die schwere See machte ihm zu schaffen, und er war alleine an Bord. Er musste kreuzen, wurde aber immer weiter aufs Nordstrander Watt getrieben. Solange das Wasser so hoch stand, gab es keine Probleme, und er musste nur versuchen, heil über das Watt zu kommen. Wieweit war die Tide, konnte er es riskieren? Loten konnte er nicht, weil er alleine war.

Er kreuzte bei schwerer See, und die Wellen trugen sein Schiff immer höher aufs Watt. Er wähnte sich schon in Sicherheit, denn die höchste Stelle musste er passiert haben. Doch die See wurde giftiger, die Brandung schlug hoch und wurde durch die Untiefe kürzer und brandiger. Ein Aufbäumen, ein Durchsacken und Holz knirschte – die erste Spannte war eingebrochen.

Wasser sickerte ein und auf sich alleine gestellt konnte er nicht lenzen. Schon wieder ein Welle, er wurde hoch getragen und rutschte in ein Wellental. Das Schiff stöhnte, zitterte und vibrierte, es war so gut wie verloren. Was sollte er machen, nur kühlen Kopf behalten? Er versuchte aus dem tieferen Wasser heraus zu kommen, denn auf dem hohen Watt konnte das Schiff nicht untergehen. Hinter Südfall war es ruhiger, da musste er hin.

Er riss das Ruder mit aller Macht herum und mit seinen letzten Kräften schaffte er es, das Schiff gegen den Süd-West-Wind zu stemmen. Die Wellen liefen schon übers Deck. Alles, was nicht festgezurrt war, nahm die See mit über Bord. Er musste sich festhalten. Seine Gedanken rasten, wo konnte er sich retten? Er musste sich in Sicherheit bringen und schnell die Notflagge setzen. Einen Tampen um den Bauch, kletterte er auf den Mast zur Rah. Der Mast war rutschig vom Salzwasser, aber sein Lebenswille war stärker. Oben stehend auf der Rah, hing er festgezurrt am Mast. Fast 12 Stunden hielt er durch, und der Wind beruhigt sich. Er hatte überlebt. 12 schwere Stunden in eisiger Kälte, salzverkrustet und mit den Gedanken nur im Gespräch mit Gott.

Das Schiff war durch die Bewegung versandet. Mit steifen Glieder versuchte er freizukommen, keine Hilfe nahte. Schließlich lief er über das Watt nach Nordstrand und schaffte es. Durch die Unterkühlung hatte er sich jedoch eine Lungenentzündung geholt, an deren Folgen er zehn Monate später starb.

Die Alten meinten schließlich, dass ein Seemannstod gnädiger gewesen wäre, grauenvoll, aber schnell. Viele Seeleute lernten nicht schwimmen, um auf hoher See nicht lange kämpfen zu müssen.

Impressum

Wir bedanken uns bei allen, die zum Gelingen des Buches beigetragen haben!

Besonders sind aber zu erwähnen:
Hellmut und Rita Bahnsen für die Beiträge sowie für die Gastfreundschaft, die wir bei ihnen erfahren durften, Dr. Hans-Herbert Henningsen, Prof. Dr. Newig, Monika Bauer, Wilken Wilckerling, Jürgen Kost, Wolfgang und Tatjana Petersen, Staatsarchiv Hamburg, NordseeMuseum Nissenhaus, Fiete Pingel, Roland Tedsen, Nordstrander Heimatmuseum.

Dank auch an die Bürgermeister von Nordstrand und Pellworm!

ISBN 978-3-8042-1285-5

© 2009 by Robert Brauer, André Wilckerling und Cornelia Mertens
in Zusammenarbeit mit Boyens Medien GmbH & Co. KG, Heide
Fotos und Reproduktionen: André Wilckerling, Monika Bauer und
Cornelia Mertens.
Alle Rechte vorbehalten.
Herstellung und Vertrieb: Boyens Buchverlag, Heide
Druck: Boyens Offset, Heide
Printed in Germany